U0789456

白水煎亦治子懸

二陳薑瀝湯

橘紅　半夏　茯苓　甘草　竹瀝　薑汁

白水煎服

地黃飲

生地　山萸　巴戟　石斛　麦冬

茯苓　遠志　五味子　乾蓯蓉　菖蒲

等分研末每服五錢薄荷薑湯下

羚羊角散

羚羊角一錢獨活五分防風五分川芎五分當歸五分

棗仁炒五分茯神五分杏仁五分木香二分甘草二分

白水煎一方有五加皮

凡病不在命名。而在辨症。巢氏錢氏。因癇病舉發時。其聲與牛羊犬馬雞畜相似。遂妄立五癇之名。而並無分治五癇之方藥。愚本內經。及諸前輩先生。分症治法。條辨於右。亦匠氏之繩尺也。學者觸類引伸。通變行之。切勿膠柱。

脉候

癲脉虛可治　實則死　脉搏大滑者生　沉小緊急不治

狂脉浮實大生　沉小疾亡

癇脉浮為陽癇　沉為陰癇　虛弦為驚　沉数為熱

沉小急實及虛而弦急者不治

癲狂癇脉乍大乍小乍短乍長皆屬邪脉

白术[illegible]治[illegible]

二陈[illegible]

[illegible] 半夏 茯苓 甘草 [illegible] [illegible]

白术[illegible]

[illegible]

[illegible] 山[illegible] [illegible] [illegible] [illegible]

茯苓 [illegible] [illegible] [illegible] [illegible]

[illegible]

[illegible]

[illegible]

[illegible] 甘草二分

白术[illegible]

[illegible]

[illegible]

[illegible]

[illegible]

[illegible]

[illegible]

[illegible]

[illegible]

[illegible]

[illegible]

氣血大虧。八珍湯加山梔鉤藤。如抽搐無力。戴眼反折。汗出如油者。肝絕也不治。

鉤藤湯

鉤藤一錢 柴胡五分 山梔一錢 黄芩酒炒一錢 桔梗錢五

人參一錢 當歸一錢 茯神一錢 桑寄生五分

白水煎一方有白术丹皮無桔梗

八珍湯

人參 白术 茯神 甘草 當歸

川芎 生地 白芍 山梔 鉤藤

白水煎服

薛立齋又云。心肝熱風。用鉤藤湯。肝脾鬱怒。加味逍遥散。肝脾血虚。歸脾湯。氣逆痰滯。紫蘇飲。脾鬱痰滯。二陳瀝姜湯。如不已。地黄飲主之。臨症審治為要。妊娠中風。涎潮忽仆。目吊口噤。角弓反張。亦名子癇。此肝風内動。外風觸感所致也。本事羚羊角散。

加味逍遥散

白芍 當歸 柴胡 茯苓 白术

甘草 薄荷 丹皮 山梔 生薑

白水煎服

歸脾湯

人參一錢 白术炒一錢 茯神錢五 黄芪炒錢五 甘草炒五分

當歸一錢 棗仁炒一錢 遠志五分 元眼肉二錢 木香五分

白水煎服

紫蘇飲

紫蘇一錢 當歸八分 川芎五分 白芍酒炒五分

人參五分 陳皮五分 甘草四分 木香四分

歸生地養血。輕者半料奏効。重者一料除根。

無雙丸

人参五錢 白术五錢 茯苓五錢 甘草三錢 川芎三錢
當歸一两 生地一两 天麻七錢 殭蚕五錢 荆芥五錢
獨活五錢 枣仁炒五錢 麦冬五錢 南星姜礬皂角製 半夏一两
橘红五錢 白附子煨三錢 黄芩三錢 黄連五錢 石羔一两
牛黄三錢 犀角五錢 遠志五錢 珍珠三錢 硃砂五錢

研末酒丸桐子大金箔為衣空心開水下五十丸

千金保命丹

珠子二錢 朱砂二錢 胆星三錢 甘草一錢 麻黄一錢
白附子煨三錢 雄黄一錢 防風一錢 薄荷一錢 牛黄一錢
琥珀一錢 犀角三錢 殭蚕炒三錢 麦冬三錢 枳殼三錢
桔梗三錢 地骨皮二錢 神曲炒三錢 茯神三錢 白术炒三錢
人参三錢 遠志二錢 柴胡三錢 天麻二錢 胆礬錢五
黄芩七錢 紫河車七錢 天竺黄一錢 荆芥五錢 蝉退錢五
川芎一錢 牙皂一錢 金箔十片 氷片三分 射香三分

研末煉蜜丸如彈子大金箔為衣用蠟包裹用時取開每服一丸薄荷湯下忌猪羊蝦核桃一切動風之物此侍御何中襄方也治癲癇神效

子癇

薛立齋云。妊娠瘈瘲者。名子癇。瘈由筋脉急縮。瘲由筋脉緩伸。一伸一縮。相引搐搦。此痉属風。以風主動摇也。駱龍吉云。心主脉。肝主筋。心属火。肝属木。火生熱。木生風。風火相熾。則瘈瘲。治以鈎藤湯。鈎藤甘寒。除心熱而散肝風。柴芩辛凉。平少陽而清風熱。梔桔辛寒。利三焦而除陰火。風熱散。瘈瘲止矣。加人参茯神。益氣安神。當歸寄生。和胎養血。如風痰上湧。加半夏竹瀝。搐甚。加全蝎殭蚕。

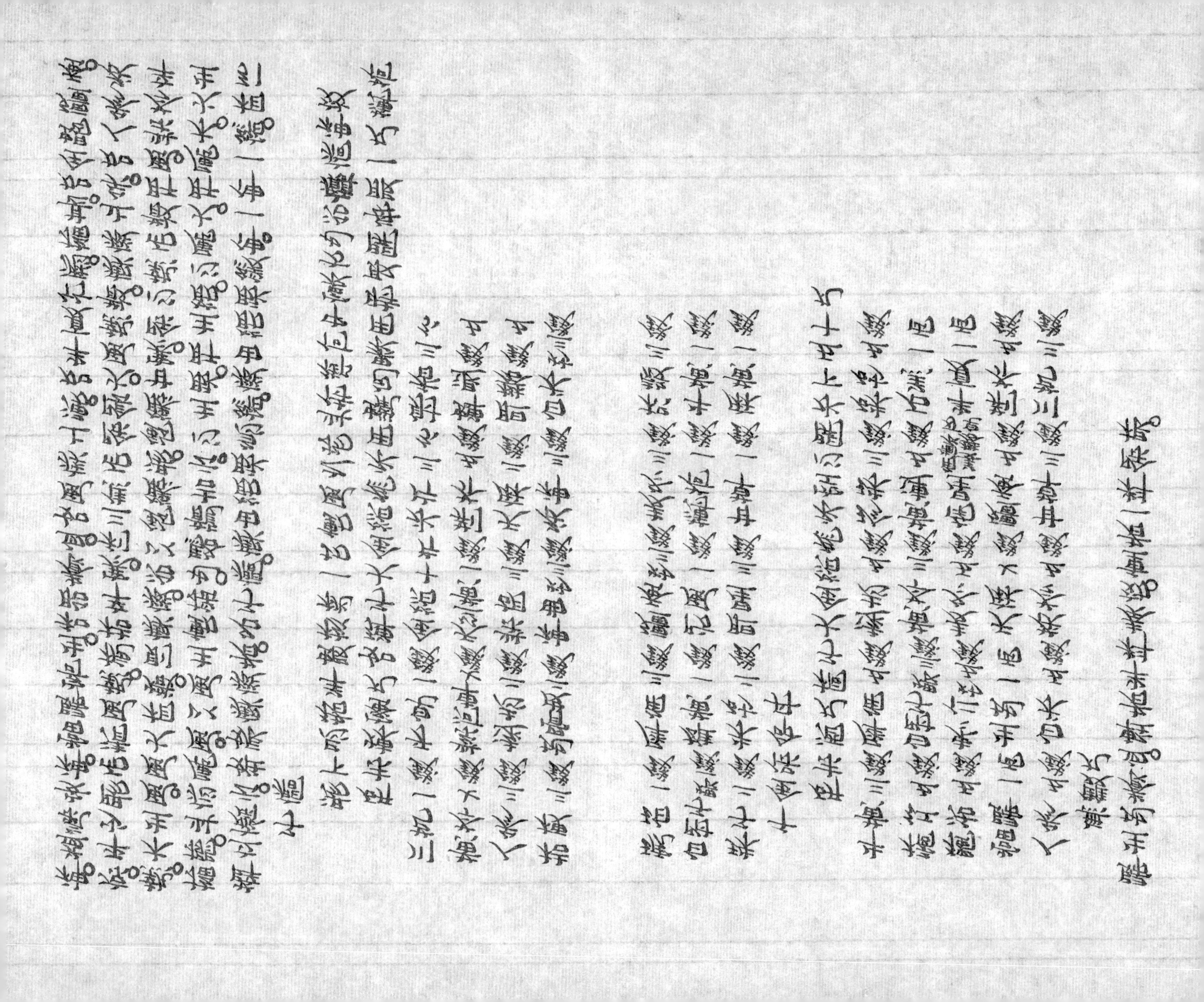

味辛微熱。追風治癇。定搐除搦。療驚悸而制肝邪。犀角苦酸鹹寒。凉心瀉肝。利痰袪風清胃熱而平譫語。山梔苦寒。瀉心肺三焦之火。遠志辛苦。通心腎九竅之靈。加大黃苦寒。入大腸胃心包肝血分。蕩滯行痰。此治癇症譫語之繩尺也。

虎睛丸

虎睛一對炒 犀角尖一兩 山梔五錢 遠志去骨炒 大黃酒浸

研末蜜丸菉豆大每服二十丸酒下若膈熱甚者滚痰丸主之

滚痰丸

大黃酒浸 礞石硝煅 黃芩 沉香 研末水丸

氣血虛癇

癇有氣血兩虛。痰火兼甚者。其症脉洪滑無力。先眩暈而後僵仆。按脉洪為火。脉滑為痰。無力者。氣血不足也。氣虛則脾土不運而生痰。血虛則肝木不潤而生火。痰火上浮。則頭目眩暈而僵仆。皆由鬱結所致也。保元治以清心抑氣湯参术苓草補氣。芎歸白芍養血。陳皮半夏化痰。竹茹連冬清火。香附解鬱。蒲志開竅。此治氣血兩虛癇症之繩尺也。

清心抑氣湯

人参 白术 茯苓 甘草 川芎
當歸 白芍 陳皮 半夏 竹茹
黃連 麦冬 香附 遠志 菖蒲

薑一片水煎服一方有枳實

久癇

龔雲林云。癇症年久不愈。皆由治不如法。氣血漸虛。痰火日盛。經絡不和。臟腑不平。致成廢疾。治以無價丸。癇屬肝風。以麻蚕荆活定之。癇屬心虛。以棗仁麦冬固之。癇因痰滯。以南星橘半化之。癇因火動。以苓連石羔清之。癇因竅閉。以牛黃遠志開之。加珍珠犀角瀉熱定驚。金箔硃砂安魂定魄。参苓术草補氣。芎

安神丸

人参四两 當歸二两 桑皮一两 地骨皮四两 甘草四两 茯神三两

麦冬二两 牛黄、三錢 犀角一两 龍齒五錢 射香五錢 硃砂二錢

研末蜜丸弹子大金箔為衣每服一丸開水下一方有牙硝二錢無當歸

歸神丹

人参二两 棗仁二两 琥珀一两

遠志一两 龍齒一两 茯苓二两 硃砂一两入猪心内酒煮

研末酒丸桐子大金銀箔各二十片為衣每服三十丸麦冬湯下

潮作癇

癇有昏冒僵仆。不時潮作者何也。按心藏神主脉。肝藏魂主筋。皆血臟也。昏冒者。神魂無寧也。僵仆者。筋脉不榮也。舉發如潮汐者。此經絡之行度錯乱。由氣虚血熱。生痰生火而生風也。心法治以寧神丹。人参白术補氣。當歸川芎養血麦冬地連清火。犀角石羔瀉熱。麻荆蚕活祛風。遠志牛黄開竅。南星附夏逐痰。硃棗茯神定志。合鬱金散結。陳皮理滯。甘草和中。良方也。常服自痊。

寧神丹

人参五錢 白术五錢 當歸六錢 川芎三錢 麦冬五錢

生地五錢 黄連五錢 犀角五錢 石羔一两 天麻五錢

荆芥五錢 殭蚕五錢 獨活五錢 遠志三錢 牛黄二錢

南星製刃 半夏製刃 白附子三錢 硃砂五錢 珍珠三錢

茯神五錢 棗仁炒五錢 鬱金二錢 陳皮五錢 甘草三錢

研末酒丸桐子大金箔為衣每服五十丸白湯下

譫語癇

癇有吐涎搐搦。時作譫語者何也。按胃熱薰蒸於心肺。則神昏詀語。肝風散布於经络。則肢節搐搦。津液聚痰。随氣上出於口。則吐涎。楊氏治以虎睛丸。虎睛

研末蜜丸薑湯下三錢

## 痰癇

癇因痰發者。目瞪氣粗。嘔吐痰涎。僵仆跌倒。按痰爲臟府之津液。靜則安。動則變氣粗者。痰逆於肺也。吐涎者。痰滯於脾也。目瞪僵仆者。痰因火動。肝氣厥而經絡不通也。本事方治以人參散。人參甘溫固肺中元氣。以瀉火且通血脉。南星辛苦。除脾胃濕痰。以下氣。亦補肝虛。加薑汁行陽。瓜仁潤燥。良法也。三癇丸導痰湯亦主之。臨症酌虛實。分治可也。

### 人參散

人參 五錢　南星 姜汁同漿水各半浸一宿煮乾

研末每服一錢薑三片冬瓜仁一錢水煎服

### 導痰湯

南星　半夏　陳皮　茯苓　萎仁　山梔

甘草　木香　竹瀝　辰砂　薑汁

白水煎服

### 三癇丸

荊芥 三兩　白礬 刃半生半枯

研末麵糊丸黍米大硃砂爲衣薑湯下二十丸

## 驚癇

驚癇者。一時身輭昏冒。瘈瘲僵仆。聲如猪羊。口吐涎沫。原病式謂熱甚風燥。三因謂臟氣不平。鬱生涎沫。諸經閉塞。逆生瘈瘲。聲如羊牛者。氣厥而聲變也。身輭昏僵者。血滯而神散也。其病源或在母腹時受驚。或感六淫之氣。或飲食不節。逆於臟氣而成者也。拔粹方治以安神丸。人參當歸補氣和血。桑皮地骨降火清痰。甘草麦冬。和中瀉熱。牛黄犀角。利竅祛風。龍齒射香。安魂通絡。茯神定志。硃砂鎮心。驗方也。

風癎者。四肢搐搦。口眼歪邪。按肝為風木。風主動搖。搐搦者。風在血脉也。歪邪者。風留經絡也。此肝木生火。火熖生風。内風已動。外風觸感。两風相搏。故發作而病癎矣。心法治以追風祛痰丸。防風天麻。去内外之風。全蝎殭蚕。定搐搦之象。白附子。行頭面以治口眼歪邪。猪牙皂。入肝經以通上下関竅。半夏星礬。化痰降火。木香硃砂。行氣安神。風散痰消。其癎自已。繼以参砂丸調之。

追風祛痰丸

防風一两 天麻一两 全蝎去毒炒两 殭蚕炒两去丝
白附子煨两 木香五錢 硃砂七錢 白礬燒五錢
猪牙皂炒两 半夏湯泡七次研末秤六两分二分一分用姜汁作麴一分用皂角汁作麹
南星三两分二分一分白礬水浸一宿一分皂角汁浸一宿

研末薑汁為丸桐子大每服八十丸淡姜湯下薄荷湯下亦可

参砂丸

人参 蛤粉 硃砂 等分

研末猪心血為丸桐子大每服三十丸金銀薄荷湯下

大癎

癎有神志不寧。躁擾頭運目眩而搐搦者。此肝火也。按肝屬風木。木主筋主血主火。風動血熱。則搐搦不寧。木燥火炎。則躁擾頭運。宣明治以龍薈丸。肝為生火之夲。肝火盛。則諸經之火相因而起。以龍薈青黛。直入肝部而折之。合大黄芩梔柏。通平上下三焦之火。加當歸和血補陰。木香射香通竅。令火降肝平。其癎自已。實火服此。虚火勿投。

龍薈丸

龍胆草酒炒两 蘆薈五錢 青黛五錢 山梔炒两
黄連炒五錢 黄柏炒两 黄芩酒炒两 大黄酒浸五錢
木香二錢 射香五分 當歸酒洗两

茯神　棗仁　知母酒炒　黄柏酒炒

研末白水煎五錢服如用寒凉太過損傷脾胃變成陰癇者去黄柏知母瓜蔞加温補藥如白术砂仁類臨症通變

如晨朝發者病在肝加青皮下行川芎上行柴胡本經

如平旦發者病在胆亦加川芎青皮柴胡

如日午發者病在膀胱加藁本羗活上行黄柏下行

如黄昏發者病在脾加升麻白芍

如人静時發者病在胃加升麻白芷葛根上行石羔下行

如夜半發者病在腎加獨活肉桂

以上係引經藥於發時依前二方内酌加一二味活法行之

厥癇

治法雜論云。凡癇病項強。直視咬牙。不省人事者。此厥癇也。按肝家有熱。則兩目直視。肝經有風。則頭項強硬。咬牙者。肝風動而心火從之也。治以導赤瀉青湯。地竹甘寒。清心凉血。木草甘淡降火緩中。胆草大黄。苦寒瀉肝。抑其性而折之。羗活防風。辛温搜風。從其性而升之。山梔寒苦觧鬱。芎歸辛温養血。令心火降肝火平。其癇自愈。更以粉礬丸鎮之。

導赤瀉青湯

生地　竹葉　木通　草稍　胆草　當歸

大黄　羗活　防風　山梔　川芎

研末蜜丸開水下三錢

粉礬丸

輕粉一錢　白礬二錢　代赭石火煅醋浸三錢

研末米飲下五分

風癇

葫蘆巴炒一斤　巴戟肉炒八兩　川練肉炒十六兩

茴香十二兩　川烏蜜煮炒二兩　吳茱萸鹽水洗炒十兩

研末酒丸桐子大每服二十丸空心酒下　一方有牽牛

十補方

附子用防風黑豆鹽水煎浸七日焙　葫蘆巴　木香　巴戟炒去心　官桂

茴香　川練肉炒　故紙核桃炒　益智仁　延胡索炒　蓽澄茄去蒂

研末酒丸桐子大每服五十丸酒下

七痛湯治七疝奔豚小腸腹痛

人參　附子製　茴香　延胡索炒

川練　山梔炒　全蝎炒　木香

等分研末酒丸空心酒下三錢

疝氣偏墜

偏墜者。腎囊中兩子。或左右下墜作痛也。左丸屬腎水。水生肝木。木生心火。三部司血。統納左血者肝也。右丸屬心火。火生脾土。土生肺金。三部司氣。統納右氣者肺也。諸寒收引。則血泣歸肝。下注左丸。諸氣憤鬱。則濕聚歸肺。下注右丸。此偏墜之由也。丹溪治以蘭花丸。蘭花昆藻。散結軟堅。木香桃仁。調氣活血。橘核川練。平疝舒筋。木通延胡。導邪和滯。附子肉桂。溫經逐寒。若痛連小腹。此積冷也。益智湯等主之。虛者補中湯。下腎氣丸。

蘭花丸

馬蘭花酒炒　昆布酒洗　兎仁　木香　橘核　川練

木通　附子　肉桂　海藻酒洗　延胡索

研末酒丸鹽姜湯下三錢　一方有厚朴

益智仁湯

益智仁　乾薑　茴香　青皮　甘草　生薑　水煎服

桐子大每服三十丸盐酒湯下積日成功

加味失笑散 治小腸氣痛上沖心者

五靈脂　蒲黄隔紙炒　延胡索炒

各等分研末酒水各半煎三錢下

加味香蘇散 治小腸氣腎核脹痛

蒼朮二錢　香附二錢　陳皮一錢　甘草五分　蘇葉一錢　川練肉二錢

葱白五枚酒水各半

荔枝散

荔枝核西枝燒存性　木香二錢　小茴香炒二錢　大茴香二錢

川練肉二錢　青盐炒二錢　沉香二錢

研末酒調二錢服

延胡散 小腸攪臍陰中痛

延胡索盐炒　沒藥减半　乾薑等分

研末空心盐酒調二錢下

川練散

川練肉用巴豆十粒同炒去巴豆　木香　茴香盐炒等分

研末空心酒調二錢下

疝氣奔豚

疝氣奔豚者。其症囊腫。小腹有形如卵。上下去來。繞臍攻刺。痛不可忍。按小腹陰囊而腫痛者。寒在腎之膀胱也。有形如卵而走痛者。氣逆肝之經絡也。繞臍攻刺。而如江豚之奔水者。肝腎為寒氣所困。滯於下。故泛於上也。和劑方治以葫蘆巴丸。葫巴温腎。引氣歸元。巴戟强陰。益血消腫。茴香入膀胱以除逆冷。茱萸降肝氣以治上冲。練肉舒筋。統療諸疝。川烏走表。攻逐沉寒。十補丸亦主之。

葫蘆巴丸

蒼朮二兩 南星一兩姜製 半夏一兩姜製 吳茱萸一兩鹽炒 茘枝核一兩

海藻五錢酒洗 昆布五錢酒洗 山查炒二兩 延胡索一兩 神曲炒二兩

研末酒丸每服三錢空心酒下 一方有白芷

茘香丸

茘枝核 茴香 青皮鹽炒

各等分研末酒調二錢日三服

小腸膀胱氣

萬密齋云。腎與膀胱為寒水之經。諸寒收引。皆腎與膀胱病也。手太陽小腸之脉。與足厥陰肝脉相通於衝任脉之間。謂疝為肝病者。言其本也。曰腎曰膀胱者。言其標也。曰小腸氣者。言其病之相連也。其症囊腫麻木。腹痛偏墜。或氣上冲心。揔因外感濕寒。內傷勞役。正虛邪甚所致。密齋治以木香金鈴丸。人參補正。附子溫經。木香疏肝。茴香煖腎。乳沒舒筋散結。金鈴導熱利滯。加延胡索以調氣血。全蝎以平風木。效方也。川練丸等亦主之。臨症審治可也。

木香金鈴丸

人參 附子麵包火煨 茴香鹽炒 延胡索 木香

乳香去油 沒藥去油 全蝎酒洗 金鈴子即川練子

各等分研末酒丸每服三錢空心酒下並治諸

川練丸 並治疝氣奔豚

川練子即金鈴子三百四十三粒分七分取肉

一分四十九粒同茴香三錢炒 一分四十九粒同故紙三錢炒

一分四十九粒同牽牛二錢炒 一分四十九粒同鹽三錢炒

一分四十九粒同班猫十四枚去猫不用 一分四十九粒同巴豆十四枚炒去巴豆不用

一分四十九粒同蘿蔔子三錢炒去蘿不用

將練子同茴香故紙牽牛鹽研末加木香三錢肉桂二錢共研末酒丸

復元通氣散

當歸　茴香　陳皮　木香

延胡索　乳香　沒藥　甘草

研末每服三錢空心酒下

加味五苓散

白朮　茯苓　猪苓　澤瀉　桂枝

茴香　橘核　川楝子　木通　水煎服

補中益氣湯

人參　黃芪　白朮　當歸

升麻　柴胡　陳皮　甘草

水煎服寒加茴香巴戟熱加知母黃柏酒炒

癩疝腎囊如斗即木腎也

張子和云。癩疝者。其狀陰囊腫大。如升斗下垂。頑木不仁。不痛不痒。內經云。三陽為病發寒熱。其傳為癩疝。此言寒濕入於胆與小腸膀胱。而禍及於肝腎也。陰囊腫大者。濕畜氣逆也。頑木不仁者。寒凝血滯也。氣血為寒濕固結。遂不知痛痒。而形如升斗之下垂也。又名為木腎。丹溪治以朮附湯。蒼朮燥濕。附子逐寒。桃仁活血。青皮行氣。香附開鬱。益智散結。茴香治癩疝之要藥。延胡調氣血之妙品。加黃柏之性苦者以化陽。甘草之味甘者以和陰。良法也。守效丸荔香丸亦主之。

朮附湯 並治木腎

蒼朮鹽炒　附子炒　茴香鹽炒　桃仁　青皮

香附鹽炒　黃柏酒炒　延胡索炒　益智仁　甘草

順流水煎服

守效丸

名偏墜。稚子亦有之。按腎腧者。腰穴也。陰囊者。睪丸也。脹悶者。氣滯也。怒則氣逆。故痛。靜則氣和。故消。皆由肝腎虛寒。先天不足所致也。予和治以復元通氣湯。當歸辛溫養肝。茴香辛溫煖腎。陳皮辛苦而宣五臟。木香辛苦而理三焦。延胡溫苦以調氣血。乳沒溫苦以通經絡。甘草甘潤以奠中央。病重者。加減木香流氣飲主之。愈後常服加味地黃丸

復元通氣散

當歸二兩　茴香一兩五錢　陳皮一兩　木香一兩

乳香五錢　沒藥五錢　甘草一兩　延胡索炒一兩

研末每服二錢空心酒下

加減木香流氣飲

白朮　當歸　川芎　茯苓　甘草

茴香　川楝子　肉桂　香附　木香

木通　陳皮　半夏　青皮　山查

研末每服三錢酒下

加味地黃丸

熟地　山萸　山藥　丹皮　茯苓　澤瀉

人參　枸杞　巴戟鹽炒　茴香鹽炒　破故紙鹽炒

研末酒丸每服三錢空心酒下

狐疝

張子和云。狐疝者。其狀如瓜。其聲如蛙。晝則氣出囊腫。夜則氣入囊消。上下往來。儼如狐之晝出穴而溺。夜入穴而不溺也。夫晝陽也。夜陰也。晝病夜安。是氣病而血不病也。予和治以復元通氣散。當歸養肝。茴香溫腎。陳皮理氣。木香行滯。延胡索調血中之氣。乳沒和氣中之血。甘草補中焦之土。如不已。加味五苓散。補中益氣湯主之。臨症其變通乎。今人於此症用帶鈎鈴托甚妙。

桂枝一两 茯苓六两 白术炒六两 白蒺藜炒六两 巴戟六两 故紙炒四两

萆薢六两 山藥六两 兎仁四两 乾蓯蓉六两 石斛六两

研末蜜丸每服三錢空心盐湯下

## 筋疝

張子和云。筋疝者。其狀陰莖腫脹筋縮。或潰膿。或痛痒。或挺縱不收。或溲出白精。此君相之慾火也。按陰莖腫脹而潰膿者。熱甚也。筋縮痛痒而挺縱者。火旺也。出白如精而溲下者。氣虛也。皆由房勞過度。或邪術所使。故成筋疝。子和治以導赤散。下導水丸。生地凉血。竹葉清心。木通降火。草稍止痛。另用滑石利熱結。黄芩瀉相火。大黄滌毒滯。牽牛通二便。為丸以導赤散下者。分緩急之意也。愈後以蓮子清心飲調之。如精出淋濁者。此陽衰也。蒼术難名丹主之。

### 導赤散

生地 竹葉 木通 甘草稍 水煎服

### 導水散

滑石四两 黄芩二两 大黄二两 牽牛一两

研末水丸桐子大每服四十丸導赤散煎湯下

### 蓮子清心飲

石蓮二錢 人參錢五 黄芪一錢 茯苓錢五 柴胡錢五

麥冬一錢 地骨皮一錢 車前一錢 甘草炙一錢 黄芩炒一錢

研末調服三錢空心白開水下

### 蒼术難名丹

蒼术八两米泔浸炒 茴香三两 川楝子三两 茯苓二两 故紙二两 龍骨二两

研末酒丸砅砂為衣每服二錢空心盐湯下

## 氣疝

張子和云。氣疝者。其狀少腹脹悶。上連腎腧。下及陰囊。怒發則痛。安靜則消。俗

芍酸苦和陰。桃仁甘苦活血。肉桂辛熱逐寒。澤瀉甘鹹泄火。草節甘平緩痛散結。牵牛辛熱利溺通腸。大黄苦寒蕩熱滌垢。毒從大小便去其病自已。四聖散亦主之。

雙解散

白芍三錢 桃仁三錢 肉桂一錢 澤瀉三錢

大黄二錢 牵牛二錢 甘草節二錢

研末每服三錢姜三片水煎服

四聖散

生黄瓜蔞一枚去皮焙 甘草節四錢 沒藥去油三錢 乳香去油二錢

酒煎日再服乾瓜蔞用二枚

水疝

張子和云。水疝者。其状腎囊腫如水晶。陰汗時出。作痛作痒。黄水侵流。少腹按之有聲。此風寒湿氣所致也。囊如水晶者湿也。汗出作痒者風也。痛而浮腫者寒也。皆由醉餓入房外邪襲於肝腎之脉滲於囊中。故成水疝。子和治以加味五苓散。白术燥湿。二苓利水。澤瀉降濁。桂枝驅風。加橘核散腫。茴香逐寒。川練入膀胱以治疝。木通入小腸以開竅。水去病已。茴香練實丸奪命丹亦主之。愈後以安腎丸調之。

加味五苓散

白术 茯苓 猪苓 澤瀉 桂枝

茴香 橘核 川練 木通 水煎服

奪命丹

呉茱萸一斤酒醋塩童便各浸一宿 澤瀉三兩焙

研末酒丸每服二錢空心塩湯下

安腎丸

## 寒疝

張子和云。寒疝者。其状囊冷。結硬如石。陰莖不舉。或控睪丸作痛。按腎囊冷者。寒氣内伏也。硬如石者。寒邪固結也。陰莖不舉者。寒主収縮也。牽痛睪丸者。寒凝經絡也。子和治以茱萸内消丸。肉桂茱萸温肝逐寒。故紙茴香煖腎去冷。木青陳皮行氣散結。川練延胡。舒筋定痛。桃仁蒺藜。活血攻堅。寒散疝平。良法也。丁香練實丸亦主之。重者三因葱白湯。

茱萸内消丸

肉桂　茱萸　故紙　茴香　木香　青皮

陳皮　桃仁　白蒺藜　川練子　延胡索

研末酒丸每服三錢空心酒下一方有海藻

東垣丁香練實丸

附子　茴香　川練子　當歸

丁香　木香　延胡索　全蝎

先將附子茴香川練當歸酒煑乾研末入丁香木香全蝎延胡共研末酒丸每服二錢空心酒下加至四錢以愈為度

三因葱白散 並治一切冷痛疝氣

肉桂　乾薑　茴香　木香　青皮炒　川芎

人參　熟地　當歸　茯苓　白芍炒　麦芽

神麹炒　莪朮煨　三稜煨　厚朴姜炒

各等分研末每服三錢葱白二枚塩少許煎湯下

## 血疝

張子和云。血疝者。其状如黄瓜。在小腹兩横骨兩端中。得於重感。勞於使内。氣血流溢滲入脬囊。結成癰腫。膿少血多。俗名便癰是也。按小腹横骨。属肝腎之部。内蘊熱氣。外挾寒邪。精血交滯。故腫如黄瓜而作痛也。子和治以雙解散白

研末醋丸酒送一錢或二三錢一方加牛膝續斷川芎葫蘆巴防風

## 地黃膏丸

地黃　血竭　沉香　木香　川芎
人參　當歸　蛤蚧　白术　柴胡
延胡索　全蝎　茴香　青皮　續斷
吳茰　肉桂　川練子　沒藥已上分兩無定隨症加減

研末地黃熬膏為丸每服三錢空心酒下

## 膀胱氣

河間云。小腹脹痛。不得小便。此膀胱氣也。按膀胱乃州都之官。津液藏焉。氣化則能出矣。與腎相為表裡。又與小腸同屬太陽寒水之經。若感外寒。則失其氣化之常。溺竅不通。故小腹脹痛而不溲也。成無已治以加味五苓散。二苓甘淡入肺利竅。澤瀉甘鹹入腎通膀。白术苦溫燥濕。肉桂辛甘化氣。加茴香辛熱逐寒。葱白宣陽通氣。青鹽潤下利便。溺如墨汁。其痛自平。繼服硇砂丸。此危候也。

### 加味五苓散

茯苓一錢　猪苓一錢　澤瀉一錢　白术一錢
肉桂五分　茴香一錢　青鹽八分　葱白一支

五苓散研末每服三錢茴香青鹽葱煎湯調下日三服以便利為度

### 硇砂丸

木香一兩　沉香一兩　巴豆一兩　青皮二兩　銅青研五錢　硇砂研一錢

二香青皮三味同巴豆慢火炒紫色去巴豆為末入硇砂銅青同研勻蒸餅和丸桐子大每服七丸至十丸鹽湯空心下日二服

### 蟠葱散治膀胱氣

白术　茯苓　猪苓　澤瀉
車前　桔梗　牽牛　水煎服

茴香丸

茴香炒一両　陳皮一両　川楝子麸炒一両

吴茱萸一両　馬蘭花醋炒一両

研末醋丸每服一錢酒下並治小腸氣

心疝即衝疝

帝曰。診得心脉急。此為何病。病形何如。岐伯曰。病名心疝。少腹當有形也。按脉奕緩為陽和。急勁為陰慘。心屬火。心脉急。寒包熱也。心與小腸為表裏。心不受邪。必傳於小腸之府。故少腹當有形。形者。氣逆痛悶之形也。謂之心疝者。言寒氣自下而上冲於心。即衝疝也。巢氏治以木香散。良薑乾薑豆蔻。溫中散寒。木香陳皮枳殼。行氣去滯。川芎白芍。和血泄熱。加牵牛以利秘結。訶子以消腹悶。寒去氣和。其病自已。

木香散

木香一両　陳皮一両　枳殼炒五錢　良姜五錢　乾姜五錢

草蔻一両　白芍五錢　川芎二両　訶子五錢　牵牛三錢

研末每服二錢水煎服

小腸氣

甲乙經云。小腸病。結於腰脊。上而不下。痛冲心肺。此即内經控睪病也。按睪者。腎丸也。控者。牵引也。小腸連睪。系於脊。貫肝肺。絡心系。小腸虛。風寒乘入。則厥逆上冲。散於膏肓。結於臍部。上而不下。則痛冲心肺矣。河間治以茴香丸。茴香入腎膀胱以療冷滞。蘭花利大小腸以和氣血。茱萸溫肝脾腎以解鬱。川楝入肝小腸以舒筋。加陳皮以宣五臟。研末醋丸。溫酒送下。氣血調。睪丸平矣。常服地黄膏丸。永不再發。

茴香丸

茴香　川楝子　吴茱萸　馬蘭花　陳皮各等分

加味通心散

瞿麥　木通　梔子　黄芩　連翹　甘草
枳殼　山查　歸尾　兆仁　川練子各等分

研末每服三錢車前草煎湯下一方無枳殼

加味五苓散

白朮　茯苓　猪苓　澤瀉
桂枝　兆仁　山查　水煎服

寒疝

岐伯曰。尺部脉滑為寒疝。東垣曰。滑脉寸上見者為大熱。陽與陽併也。尺部見滑為大寒。丙丁不勝壬水。從寒水之化也。其症腹痛裡急。小腹陰中相引痛。白汗出欲死。仲景治以生薑羊肉湯。羊肉甘熱屬火。益氣血。強陽道。加生薑之辛熱者以去寒邪。當歸之辛温者以養肝木。寒散木平。氣血太和矣。一味丹參飲亦善。

生薑羊肉湯

羊肉一斤　當歸三兩　生薑五兩　水煎日三服

丹參飲

丹參一兩　研末每服三錢酒調下

陰疝

岐伯曰。太陰在泉。客勝。則足痿下重。便溲不時。濕客下焦。發而濡瀉。及為腫。隱曲之疾。主勝。則寒氣逆滿。食飲不下。甚則為疝。按太陰從濕。感濕則足痿下重。濕甚則便溺不時。濕在下。則濡瀉及腫。濕在中。則逆滿不食。足厥陰之脉。環陰器。底小腹。此處有疾。亦隱曲也。寶鑑治以蒺藜湯。蒺藜苦温。補肝腎而療陰疝。附子辛熱。去寒濕而行經絡。山梔寒苦。清心肺而輸膀胱。茴香丸亦主之。

蒺藜湯

白蒺藜炒　附子炮　山梔各等分　研末每服三錢水調下

曰寃。氣逆不得散為痛。出白者。白精自溺竅出也。此屬熱鬱於內。寒束於外。聚於少腹。形於外腎。故曰瘕疝。女子多有之。丹溪治以烏頭梔子湯。烏頭辛熱逐寒。梔子苦寒清熱。加橘核利氣。桃仁破瘀。吳茱萸散結溫肝。效方也。輕者桃仁梔子湯主之。

烏頭梔子湯

烏頭蜜炒黑三錢　梔子炒三錢　橘核二錢　桃仁二錢　吳茱萸鹽炒一錢

研末水調服二錢

桃仁梔子湯

桃仁　梔子　山查　荔枝核　生薑汁　水煎服

㿉疝 巢氏謂之胕疝 子和謂之血疝

岐伯曰。足陽明筋病㿉疝。腹筋急。又曰肝脉滑甚為㿉疝。此肝木乘胃土也。肝主筋。腹筋急者。肝邪橫逆也。肝脉滑者。肝邪內㿉也。㿉者。濃血在裡。甚則腎囊破爛也。易老治以桃仁甘草湯。桃仁延胡。破血調血。茯苓白朮。滲濕燥濕。枳殼山查。利氣行氣。橘核荔核。散滯和滯。加甘草和中益胃。濃去而㿉自平。此即巢氏謂之胕疝。子和謂之血疝是也。

桃仁甘草湯

桃仁　甘草　茯苓　白朮炒　延胡索炒

枳殼　山查　橘核　荔枝核　水煎服

癃疝

岐伯曰。脾脉微大為疝氣。滑甚為癃㿉。又曰腎脉滑甚為癃㿉。按㿉者。陰囊破爛也。癃者膀胱不利也。言內有膿血。小便閉塞也。此脾傳腎之疝病也。故脾腎兩經之脉滑也。丹溪治以加味通心散。瞿麦木通。利小腸膀胱之熱。梔子黃芩。清心經肺金之火。連翹散結。查枳行氣。歸桃破血。甘草和中。加川練子舒筋引大下行。乃治諸疝之要藥也。輕者加味五苓散主之。

共前藥計六味重五兩半為末米糊丸服如前法若未愈接服第三料

照前方加

茯苓四兩　附子炮一兩

共前藥計八味重十兩半為末米糊丸服如前法但每服三錢雖三十年之久大如栲栳者皆可除根神方並治一切疝症虛者勿服

## 厥疝

岐伯曰。黄脉之至也。大而虛。有積氣在腹。中有厥氣。名曰厥疝。按黄為脾色。言面黄也。脉大而虛者。以大為實邪。虛為正衰。正氣為寒氣所困。積於腹中。致令陰囊冷於肢膜。厥逆作痛。沉寒固結。故曰厥疝。河間治以吴茱萸湯。良薑辛熱除寒。細辛辛温散結。當歸辛温以療腹痛。茱萸辛熱以平陰疝。乾薑辛辣逐邪。桂附辛甘通脉。緊用熱藥者。以陰邪凝於腹裡。下氣不能上達。非此不足以决之也。輕者當歸四逆等湯主之。

### 吴茱萸湯

吴茱萸二錢　附子三錢　肉桂二錢　乾薑一錢　當歸一錢

北細辛一錢　良薑一錢　研末每服一錢五分水調下

### 當歸四逆湯

當歸　附子炮　肉桂　茴香　柴胡

白芍　延胡索炒　川練肉　茯苓　澤瀉

水煎服

### 川練散

川練肉巴豆拌炒　茴香鹽炒　木香　等分為末每服二錢空心酒下

## 瘕疝 巢氏謂之瘕疝 子和謂之筋疝

岐伯曰。脾傳之腎。名曰瘕疝。少腹冤熱而痛。出白。按太陰脾經受濕熱。傳於太陽小腸膀胱。積於少陰之腎。是脾失運化之常。邪入寒水之臟也。氣滯不得伸

## 狐疝

岐伯曰。肝所生病為狐疝。其症卧則入腹。立則出腹入囊。如狐之晝出夜入。故名狐疝。考肝經之脉。起於足。上環陰器而歸於腹。一切疝病。不盡属肝木受邪。獨狐疝。乃肝經感寒而自病也。仲景治以蜘蛛散。其意以蜘蛛攻邪。肉桂温肝。令寒邪去而疝自平。一方又以牡蠣軟堅。乾薑温經。一煎服。一外敷。臨症分用。皆大法也。

### 蜘蛛散

蜘蛛 十枚微炒　肉桂 五分

研末每服一錢水下雷公云蜘蛛勿用五色者身上有刺毛者薄小者須取屋西南角有網身小尻大腹内蒼黄膿者佳去頭足炒

### 牡蠣散

牡蠣 六兩塩泥包固煅盡取二兩　乾薑 一兩焙

共研末和匀水調塗痛處小便利即愈

## 㿗疝

岐伯曰。三陽為病。發寒熱。其傳為㿗疝。三陽者。手太陽小腸。足太陽膀胱。足少陽胆也。小腸膀胱。皆在下部。胆與肝為表裡。其支脉出氣街。繞毛際。虚則中寒。皆能病疝。㿗者。頑痺不仁。睾丸腫大如升斗也。河間治以三層茴香丸。茴香入腎膀胱。煖丹田而除冷氣。川練入肝小腸。舒筋脉而通小便。木香散結。沙参養肝。為丸服後。加蓽茇以治痃癖。桹榔以攻堅滯。共丸服後。更加茯苓滲湿。附子温經。効方也。

### 三層茴香丸

大茴香 拌塩五錢炒和塩秤　川練子 去核炒　沙参　木香 各一兩

研末米糊丸每服三錢空心塩湯下日三服繞完便接第二料照此方加

蓽茇 一兩　桹榔 五錢

## 疝氣論

經云。任脉為病。男子内結七疝。有衝疝狐疝㿗疝厥疝瘕疝㿉疝癃疝之名。其言甚詳。按内經云任脉七疝。言疝病之原。分七疝之狀也。巢氏分厥疝寒氣盤胕狼七疝。子和又添寒水筋血氣狐㿗七疝。靈樞經言厥陰肝病。則遺溺癃閉而為疝。又云厥陰之别。名曰蠡溝。去内踝五寸。别走少陽。循脛上睪丸。氣逆則腫痛。以疝俱屬肝經。考宗筋雖主外腎。非厥陰環引。則王莖無由伸縮。在女子為篡户。為廷孔。乃厥陰與衝任督脉之所會也。故俗云疝為腎氣。小腸膀胱者。因其病之相連也。然實係任脉之為病也。或房勞遠行。涉水。飢飽醉怒。血氣得寒滞於小腸膀胱之部。濕熱乘虚入於厥陰之經。以致熱鬱於中。寒乘於外。寒則痛。熱則縱。濕則腫。虚則墜。在血分者不移。在氣分者多動。睪丸有兩。左丸屬水。水生木。木生火。三部司血。統納左血者肝也。右丸屬火。火生土。土生金。三部司氣。統納右氣者肺也。諸寒收引。則血泣歸肝。下注左丸。諸氣憤鬱。則濕聚歸肺。下注右丸。且睪丸所絡之筋。非盡由厥陰。而太陰陽明之筋。亦入絡也。歷列症治於左。醫者其明辨乎。

### 衝疝 即巢氏狼疝

岐伯曰。從少腹上冲心痛。不得前後。為衝疝。按任脉起於中極之下。上毛際。循腹裡。上関元。是諸陰之揔會。任脉乃諸疝之原。少腹乃肝腎之部。不得前後者。言氣上冲。而大小便不通也。揔屬寒邪為患。巢氏治以木香散。其方用良姜乾薑草蔻以逐寒。陳皮木香枳實以行滞。川芎養血和肝。訶子調中治冷。加牵牛通行大小二便。此治衝疝之法也。並治肝邪上厥痛悶欲死。

#### 木香散

木香錢二 陳皮一錢 枳實一錢 訶子一錢 川芎一錢
良薑一錢 乾薑一錢 草豆蔻一錢 牵牛炒一錢
水煎服

壅。遂病腫矣。百問治以贊元湯。薏仁茯苓滲濕。陳皮生姜行陽。桑皮利肺。肉桂溫腎。澤瀉利水。蘇葉透表妙方也。又立加减法於後。

## 贊元湯

薏仁　茯苓　陳皮　生薑
桑皮　肉桂　澤瀉　蘇葉

水煎早晚空心日服二劑初起先理脾胃加蒼术一錢陳皮五分去薏仁服二日繼理肺氣加荆芥一錢去肉桂服二日繼疏利膀胱加車前一錢五分猪苓一錢服二日七日内以盡三法毋論寒熱虚實皆可服如氣逆作喘加杏仁一錢如中宫脹滿加腹皮五分青皮五分如日久氣虚脾泄胃弱加白术一錢五分去薏仁蘇葉另服金匱腎氣丸一錢空心白湯下　如虚寒氣弱日久不愈加人參一錢五分白术一錢至三錢肉桂附子各五分去薏仁蘇葉另服金匱腎氣丸一錢空心白湯下如内熱加葛根一錢五分黄連五分去桂日久白湯下金匱腎氣丸一錢

## 脉候

陽水兼陽症脉必沉數　陰水兼陰症脉必沉遲　沉滑為風水
浮遲弦緊皆為腫　腫病脉洪大者可治　脉微細者难治
唇黑傷肝　臍出傷脾　缺盆平傷心　足心平傷腎
背平傷肺皆不治　脉浮大生　脉沉細虚小死

便自實。此治濕熱發腫之一法。

大橘皮湯

白术炒錢二 肉桂五分 橘皮錢五 木香三分 茯苓一錢 猪苓一錢
澤瀉一錢 滑石六錢 甘草一錢 生薑三片 水煎服

## 寒濕脹腫

寒濕脹腫者。上氣喘滿。按先脹後腫者。自內達外。先腫後脹者。自外入內。是脹則腫。腫則滿。滿則喘。皆相因而起者也。總由寒濕痞滯。氣血不宣。法宜溫散。醫林治以禹餘糧丸。附子肉桂。補火生土。乾薑茴香。煖胃逐寒。川芎當歸。養血。木香青皮行滯。羌活茯苓去濕。三稜莪朮通氣。白蔻旋轉三焦。蒺藜溫補腎肝。牛膝堅強筋骨。餘糧重濇下焦。加蛇含石針砂。散結消腫。寒濕鮮。則腫脹平。勿過服也。繼以補氣血藥調之。

禹餘粮丸

禹餘粮三兩 真針砂五兩淘淨炒乾用醋二盞同餘粮放銚內煑乾更用銚並藥燒紅傾磚上候冷同研末
蛇含石三兩鉄銚盛燒紅取出傾入醋中候冷研末
羌活 木香 茯苓 川芎 當歸酒洗
桂心 附子炮 茴香炒 莪术炮 三稜炮
乾薑 青皮炮 牛膝酒炒 白豆蔻 白蒺藜各五錢
研末入前三味拌勻水疊丸桐子大每服三十丸白湯下忌鹽一毫入口發疾愈甚許學士朱丹溪皆贊此方為水脹水腫聖藥

## 水腫

水腫何由致病也。經云。三焦者。決瀆之官。水道出焉。膀胱者。州都之官。津液藏焉。氣化則能出矣。又云飲食入胃。上輸於脾。脾氣散精於肺。通調水道。下輸膀胱。若脾虛不能營運水穀。則肺腎之氣不克交通。三焦之氣閉塞。決瀆之官自危。上下出入之机不利。由是水道不行。津液亦閉。血脉不流。水因氣逆。氣因水

遍身水腫。又有氣急痰喘。腹滿如鼓。小便不利者何也。按腫喘滿三症俱全。由脾肺腎三經俱病。蓋脾虚則滿。肺虚則喘。腎虚則腫。揔因水盛而火不化也。水雖制於脾。實統於腎。腎本水臓。命門真寓火馬。此火衰微。不克上蒸脾土。則土不生金。金不下降。故喘滿便秘而身腫矣。金匱治以腎氣丸。茯苓山藥益脾補肺。山萸熟地滋腎強肝。肉桂附子壮火生土。車前澤瀉利水導濁。丹皮牛膝和血通脉。火旺生土。土旺制水。水散而諸症悉平矣。大法也。

金匱腎氣丸

茯苓四两 山藥二两 山萸二两 熟地四两 附子八錢

肉桂五錢 丹皮一两 澤瀉一两 牛膝一两 車前一两

研末蜜丸每服五錢空心開水下

肺熱喘腫

肺熱喘腫者。肢體皆腫。少腹不急。初起即見喘滿。按肺為氣海。飲食入胃。游溢精氣。上輸於脾。脾氣散精於肺。通調水道。下輸膀胱。肺熱則失其下降之令。以致水溢高原。淫於皮膚。而為喘腫矣。集解治以麥冬湯。麥冬甘苦微寒。清心潤肺。開下降之令。以利水。粳米甘平中正。養脾益肺。培生金之母。以清熱。脾土健。肺金降。則水性下流。膀胱通利。喘腫自平。此治病必求其本也。若實脾導水則悞矣。

麦門冬湯

麥冬五十粒姜汁炒 粳米五十粒 水煎服

湿熱水腫

湿熱水腫症。心腹脹滿。小便不利。大便滑瀉。按濕熱内攻脾胃。則胸腹脹滿。湿熱滲於肌膚。則肢体發腫。湿熱注於大腸。則大便滑瀉。而小便不利。法宜利湿清熱為主。集解治以大橘皮湯。白朮補脾。肉桂化氣。陳皮木香行滯。二苓澤瀉利水。滑石清熱利湿。甘草瀉火調中。生姜宣陽解鬱。氣行則水行。小便通而大

肉桂八錢　丹皮一兩　澤瀉一兩　牛膝一兩　車前一兩



麥門冬湯



濕熱水腫

郁李仁名濡川散治同

## 虚腫

虚腫症。腹脹體腫。臍突背平。二便不利。六脉微弱。按腹脹者。脾虚而運化不力也。體腫者。氣虚而旋轉失常也。二便不利者。膀胱之氣不化也。六脉微弱者。真陽之氣欲絶也。皆由命門火衰不能生土。土不生金。金不生水。水不生木。而木乘土位所致也。雲林治以參附湯。人參甘温補肺。牛膝酸苦補肝。附子辛熱補火。茯苓甘淡滲水。薑桂辛甘通脉。令五臟相生。正氣足。則邪氣散。腫脹漸平。然而危矣。

### 參附湯

人參一两 牛膝酒炒五錢 附子炮三錢 茯苓五錢 肉桂一錢 乾薑一錢

水煎服小便大利腹有縐紋此其效也仍照原方一日一劑藥之分量見症之退進加減

## 遍身水腫

遍身水腫者。喘满不卧。小便秘澁。按遍身水腫者。水溢皮膚也。喘满不卧者。水氣上逆也。小便秘澁者。水畜不行也。皆由脾土不能運制水湿。肺金不能通調水道。膀胱不能氣化水邪之故。醫宗治以導水茯苓湯。白术甘苦補土制水。麥冬甘寒清肺降水。茯苓甘淡滲水。澤瀉鹹寒利水。桑皮辛甘行水。腹皮辛温逐水。加木瓜酸温和氣。砂仁辛温快氣。陳皮辛散理氣。木香辛苦調氣。紫蘇辛香下氣。令氣行則水行。腫满漸消矣。

### 導水茯苓湯

白术炒三分 麦冬姜汁炒三分 茯苓三分 澤瀉三分 桑皮一两 蘇葉一两

木瓜一两 砂仁八錢 陳皮五錢 木香五錢 大腹皮八錢

研末每服五錢水煎服日進三次小水利為度

## 遍身水腫

兩足獨腫者。腿脛虛浮。步履無力。按脾土主四肢。腿脛虛浮者。氣弱而陽不升也。肝腎主筋骨。步履無力者。血虧而陰不足也。此症大病後多有之。醫林治以加味六君子湯。人參甘溫補氣生血為君。白朮苦溫燥脾益胃為臣。茯苓甘淡滲濕為佐。甘草甘平。和中為使。加陳皮辛溫理滯。半夏辛滑通陽。更加白芍木瓜之酸苦者。斂陰収氣。生薑大棗之辛甘者。調衛和营。如小便不利者。間服五苓散。此治脾虛足腫之一法。

加味六君子湯

人參錢五　白朮炒一錢　茯苓一錢　甘草六分　半夏一錢　陳皮八分

白芍酒炒一錢　木瓜一錢　生薑二片　大棗二枚　水煎服

五苓散

白朮　茯苓　猪苓　澤瀉　桂枝

水煎服桂枝易官桂亦可

實腫

實腫症。六脉堅實。腹如抱甕。皮薄而光。氣高而喘。其病暴成。按腹如抱甕者。水畜於內也。皮薄而光者。水積不化也。氣高而喘者。水氣上逆也。六脉堅實者。水停而脉道不通也。皆由過飲茶水。脾滯運動不速。故腫脹而二便不利也。河間治以舟車丸。其方用牽牛大黃大戟芫花甘遂。以行十二經之水。考腫屬脾脹屬肝。水之不行。由於脾之不運。脾之不運。由於木來尅土。遂加青皮木香疎肝泄肺。以健脾。恊陳皮導氣燥濕。使氣行水行。則腫消脹消矣。輕粉無竅不入。能去積痰。故少加之。然非實症。不可妄投。

舟車丸

牽牛炒四錢　大黃酒浸二錢　芫花醋炒一錢　甘遂麵煨一錢　大戟麵煨一錢

輕粉一分　青皮炒一錢　橘皮一錢　木香五分

研末水丸每服五分薑湯下本方去芫花大戟青皮陳皮木香加芒硝

面足分腫

面足分腫者。其症早則面腫。晚則足腫。經云面腫屬風。足腫屬水。風為陽。陽邪上浮。故面腫。水為陰。陰濕下行。故足腫。經云。身半以上。天之陽也。身半以下。地之陰也。上身腫者宜發汗。下身腫者宜利水。準繩治以除濕湯。藁本散太陽寒濕。荆防散太陽風濕。羌獨勝濕祛風。兼通關節。蔓荆涼血搜風。並利九竅。加白芷之溫以除濕。木瓜之酸以去濕。腹皮之辛以利濕。甘草之甘以和中。風濕去則水散氣和。而上下之腫消矣。若面目手足齊腫者。拔粹導滯通經湯主之。

除濕湯

藁本五分 荆芥五分 防風五分 羌活一錢 獨活一錢
白芷五分 木瓜五分 炙草五分 大腹皮五分 蔓荆子二錢

水煎服一方加蒼朮川芎

導滯通經湯 治面目手足齊腫

陳皮 桑皮 茯苓 白朮 木香各一兩

研末每服一兩水煎服一方有澤瀉

面目獨腫

面目獨腫者。痰壅氣粗。大便不利。按肺為氣海。金虛火盛則喘急。火炎津燥。有升無降則便秘。局方治以蘇子降氣湯。蘇子辛香潤肺。下氣定喘。前胡甘苦。悅脾降火清痰。半夏和胃辛溫。利水消腫。厚朴辛苦寬腸。散滿燥濕。橘紅辛溫導滯。甘草甘美調中。加當歸辛溫養血。官桂引火歸元。是方也。既以疎內壅。兼以解外邪。此治氣逆面腫之一法。

蘇子降氣湯

蘇子一錢 前胡一錢 半夏一錢 橘紅六分 甘草五分 厚朴姜炒五分
當歸錢五 官桂五分 姜一片水煎服一方無官桂

兩足獨腫

水腫有脾腎兩虛者。其症胸悶腹脹。肢腫囊腫。小便不利。兩足腫甚。按胸悶者。宗氣不運也。腹脹者。脾土不健也。肢腫囊腫者。腎火不足也。小便不利者。膀胱不化也。兩足腫甚者。邪水下注也。河間治以加味復元丹。白朮山藥益土。附子桂心補火。茯苓澤瀉利水。砂仁快氣醒脾。巴戟強陰固腎。肉蓯蓉善補命門。破故紙能煖丹田。加茴香開胃而和膀胱。萆薢分清而兼除濁。令脾腎之真元復。則水氣散。而腫自消矣。而妙法也。腎氣丸亦主之。

加味復元丹

白朮 山藥 附子 桂心 茯苓 澤瀉

砂仁 巴戟 蓯蓉 故紙 茴香 萆薢

研末蜜丸每服三錢米飲下

河間腎氣丸

蒼朮 米泔炒一斤 熟地 一斤 五味子 八兩 乾薑 秋七錢夏五錢春冬一兩

研末棗湯和丸每服三錢米飲下

四肢水腫

四肢腫者。上氣喘急。或腰以下腫。按四肢屬脾。脾土不能制水。則傳化失常。腰下屬腎。腎水上浸脾土。則散溢皮膚。以致水邪射肺而氣喘也。澹寮治以五皮湯。五加皮祛風勝濕。地骨皮退熱補虛。生薑皮辛溫助陽。茯苓皮甘淡滲濕。大腹皮下氣行水。於散瀉之中。猶寓調補之意。皆用皮者。以水在皮膚。取皮以行皮也。羅氏去加皮。加桑皮。治病後脾肺氣虛腫滿。準繩於肢腫甚者。本方加木瓜薑黃。大棗湯亦主之。臨症審用可也。

五皮湯

五加皮 地骨皮 茯苓皮 大腹皮 生薑皮 水煎服

大棗湯

白朮 炒五錢 大棗 三枚 水煎日三服脾虛欲敗者宜此

茯苓　白芍　川芎　當歸　製半夏　白芷

薑三片水煎服並治氣血兩分水腫臨症善為加減勿泥

### 腎寒水腫

腎寒水腫者。四肢沉重。身痛腹痛。小便不利。大便自利。或咳或嘔。按腹痛者。寒湿内甚也。肢重身痛者。寒湿外甚也。小便不利。大便下利者。湿勝而水穀不分也。至於或咳或嘔。皆停飲也。此腎經有寒不能制水。客邪入而動其本氣。緣胃陽衰而隄防不及也。法宜鎮水以权陰氣。仲景治以真武湯。白术茯苓補土制水。生薑附子壮火逐寒。白芍歛陰和营止痛。經云寒淫所勝。治以辛熱。湿淫所勝。佐以酸平。是也。其即補陽必兼和陰之義歟。

真武湯

白术炒二錢　茯苓三錢　附子一錢　生薑三錢　白芍炒三錢

水煎服。水寒相搏而咳者。加五味細辛乾姜。小便利去茯苓。下利去白芍加乾薑。嘔去附子加生薑一倍

### 脾寒水腫

脾寒水腫者。目胞浮。肢体重。咳嗽溺黄。膚肉光亮。按目浮肢重者。水氣内畜也。咳嗽溺黄者。水氣停積也。皮膚光亮者。水氣泛溢也。皆由脾寒不能制水。腎水反得以浸脾土。致三焦壅滞。經絡不疏。水滲肌膚而發腫矣。千金治以大養脾丸。人參苓术補土。猪苓澤瀉利水。乾薑草蔻温脾。半夏砂仁和胃。陳皮青皮行氣。麦芽神曲化滞。木香甘草調中。脾元健運。上下流通。腫满自平矣。良方也。

千金大養脾丸

人參一兩　茯苓一兩　白术一兩　猪苓五錢　澤瀉五錢　乾薑五錢　草蔻三錢　半夏一兩

砂仁五錢　陳皮三錢　青皮三錢　麦芽五錢　神曲五錢　木香三錢　甘草炙三錢

研末米湯疊丸每服三錢米飲下

### 脾腎兩虚水腫

以奠中央。病在氣分。用麻黄之辛温性輕者。通九竅而開毛孔。使水從汗出。則正氣流行。而百骸榮暢矣。如病在氣分之裡者。又當用加減流氣飲以調之。活法也。

桂术湯 治表

桂枝　白术炒　麻黄　炙草
乾薑　細辛　生薑　水煎服

加減流氣飲 治裡

蘇葉　厚朴姜炒　陳皮　香附　木通　青皮
草蔻　甘草　肉桂　藿香　白术　生姜
茯苓　木瓜　白芷　木香　半夏　水煎服

血分水腫

血分水腫者。肢冷骨痛。皮中有紅縷赤痕。男子則小便不利。婦人則經水不通。

按骨痛者。陰血不行也。肢冷者。脾寒不健也。皮膚有紅縷赤痕者。血亦化水也。法在調營。易老治以桂苓湯。桂枝辛甘通脉。茯苓甘淡滲湿。蒼术苦燥强脾。甘草甘平和胃。陳皮青皮。辛苦以宣壅滯。桑皮瞿麦。甘寒以利水邪。病在血分。用芎歸之温者以養之。白芍之酸者以和之。使血分之水。從小便而觧。則脉道榮和。經絡自暢矣。若病在血分之裡者。又當用加減流氣飲以治之。活法也。

桂苓湯 治表

桂枝　茯苓　蒼术炒　陳皮　甘草炙　川芎
當歸　桑皮　青皮炒　瞿麦　白芍酒炒
加薑三片水煎服大便秘加大黄

加減流氣飲

陳皮　青皮　紫蘇　厚朴　木通　香附
甘草　草蔻　肉桂　藿香　白术　木瓜

草潤腎。即所以散水氣也。外發汗。內行水。表裡俱和。諸症悉平矣。其即內經所
謂開鬼者歟。考腰以上腫者。風濕也。風從汗解。麻黃甘草湯主之。

小青龍湯

麻黃　桂枝　白芍　五味
半夏　乾薑　甘草　細辛

水煎服。大渴去半夏加花粉。大喘去麻黃加杏仁。噎去麻黃加附子。小
便秘去麻黃加茯苓

麻黃甘草湯

麻黃四錢　甘草二錢　研末每服三錢水煎服

腰以下腫

腰下腫者何也。蓋濁陰出下竅。身半以下。地之陰也。今陰氣不行而發腫。此水
畜下焦。濁陰不化之故也。其症咽乾口渴。少腹急滿。小便不通。或淋痛尿血。皆
濕熱下注。熱秘不行。遂見病不一。丹溪治以加減八正散。木通清心火而降小
腸。車前清肝熱而利膀胱。瞿麥瀉火通淋。滑石開竅散結。山梔解熱。茯苓滲濕
草稍緩痛。白朮培土。防已利水。令三焦宣暢。水道流行。諸症悉除矣。其即內經
所謂潔淨府者歟。考腰以下腫者水也。水向便通。五苓散亦主之。

加減八正散

木通　車前　瞿麥　滑石　山梔
白朮炒　防已　甘草　茯苓

水煎服。一方有燈心。大便不通加大黃。氣滞加木香

氣分水腫

氣分水腫者。腹滿腸鳴。身冷肢逆。按身冷者。陽氣不行也。肢逆者。脾寒不運也。
腹滿腸鳴者。水邪相逐而不散也。法宜溫衛。仲景治以桂朮湯。白朮苦溫。補土
制水。桂枝辛甘。行陽通脉。乾姜辛熱。以逐寒邪。細辛溫散。以行水氣。甘草甘美。

炙草　草豆蔻　煨木香　宣木瓜　川厚朴姜炒

姜一片枣二枚水煎服

生料五積散治表

桂枝　白芍　麻黄　當歸　甘草　川芎　乾姜

茯苓　陳皮　製半夏　蒼术　厚朴姜炒　白芷　桔梗

姜一片葱一莖水煎服汗為度實脾治裡五積治表

## 陽水腫

陽水腫症。脉沉数。口渴煩满。小便赤澁。大便秘結。按脉数為熱。沉為水鬱。煩满者。煩渴而腹满也。便秘赤者。内熱而氣逆也。皆因水湿化熱。熱滞而脉道不通。脾元不運所致也。子和治以桂苓甘露飲。人参白术。甘温補脾。茯苓甘草。甘淡滲濕。猪苓澤瀉。鹹平利水。石膏滑石。甘平利竅。藿香木香。辛苦調氣。加葛根甘以散熱升清。桂枝辛以行陽通脉。此治陽水之法也。疏鑿飲亦主之。

桂苓甘露飲治裡

人参一錢白术一錢茯苓一錢甘草五分猪苓一錢澤瀉一錢

石膏一錢滑石一錢藿香一錢木香五分葛根一錢桂枝五分

研末水煎服取微汗一方加生姜三片

疏鑿飲治表

羌活　秦艽　茯苓　木通　澤瀉

椒目　薑皮　赤小豆　水煎服

## 腰以上腫

腰上腫者何也。蓋清陽出上竅。身半以上天之陽也。今陽氣不行而發腫。此水停心下清陽不升之故也。其症或先渴後嘔。或熱或咳。或喘或利。或小便不利。皆水氣内漬。故所傳不一。仲景治以小青龍湯。麻黄桂枝。解表即所以去水邪也。白芍五味。斂陰即所以止喘咳也。半夏乾姜和胃。即所以止嘔渴也。細辛甘

病不除。金匱治以桂枝去白芍加麻黃附子細辛湯。桂枝行陽。麻黃發汗。附子溫經。細辛散水。甘草和中。姜棗調營益衛。令上下內外交通。一身之氣轉旋。而病自解。去白芍者。恐酸收也。

桂枝去白芍加麻黃附子細辛湯

桂枝二錢 麻黃一錢 附子炮一錢 細辛六分 甘草錢五

姜三片 棗二枚 水煎服 當汗出如虫行皮中即愈

## 水飲堅腫

水飲堅腫。其症又有心下堅。大如盤。邊如旋盤者何也。按上文如盤而復如杯高而小也。水氣凝結之象。故表裡双解。法用辛溫。此症如盤。而不如杯。低而大也。水氣散漫之形。故直宜和裡。法行苦燥。金匱治以枳實白朮湯。枳實消脹。苦以泄之也。白朮去濕。苦以燥之也。一補一瀉。氣行則水自散矣。或問水堅心下。總是一般圓象。何以一用辛溫透表。一用苦燥泄裡。易老云一如旋杯。一如旋盤。杯盤有別。故治法不同。其即毫厘千里之辨乎。

枳實白朮湯

白朮炒二兩 枳實七枚

研末每服三錢水煎服腹耎即水散也

## 陰水腫

陰水腫症。脉沉遲。大便溏。小便清少。按脉遲為寒。沉為水積。大便溏者。陰邪內伏也。小便清者。寒水下流也。總由少陰之真火衰微。不能上蒸脾土所致也。嚴氏治以實脾飲。炮薑肉桂附子。補命門之火。白朮茯苓甘草。培中宮之土。脾寒以草蔻溫之。氣滯以木香運之。若木來乘土。以木瓜之酸者平之。土不制水。以厚朴之溫者散之。此治陰水之活法。生料五積散亦主之。臨症其通變乎。

實脾飲治裡

炮薑 製附子 上肉桂 甜冬朮炒 白茯苓

青香散

烏藥(姜酒浸)　良姜　茴香　青皮　等分研末酒下二錢

補中益氣湯 腎虛

人參　黃芪　白朮　當歸

升麻　柴胡　廣皮　甘草

薑棗水煎服

腎氣丸

茴香一兩　破故紙一兩　吳茱萸(鹽水炒六錢)　葫蘆巴八兩　木香五錢　蘿蔔汁一杯

研末蘿蔔汁加淡鹽湯和丸每服三錢補中益氣湯下

虛疝

虛疝症。胸膈微痞。少腹絞痛。睪丸腫脹。按胸痞者。脾虛濕滯也。腹痛者。腎虛寒急也。丸腫者。肝虛氣逆也。密齋治以補腎湯。參芪固正去邪。苓朮補脾滲濕。附子煖腎逐寒。木瓜舒筋調氣。川芎和肝活血。甘草止痛緩中。加蘇葉開痞寬胸。羌活通經利節。沉香理氣助陽。若無他症。惟囊腫墜痛者。七寶美髯丹主之。臨症詳辨為要。

補腎湯

人參　黃芪　茯苓　甘草　沉香

木瓜　附子　川芎　羌活　蘇葉

薑三片棗二枚水煎服

七寶美髯丹

首烏(赤白各一斤去皮黑豆拌蒸)　茯苓八兩　牛膝(酒浸八兩)　當歸(酒洗八兩)

枸杞子(酒浸八兩)　兔絲子(酒浸八兩)　破故紙(黑芝麻炒四兩)

研末蜜丸鹽湯下三錢

冷疝

[illegible]

[illegible]

[illegible]

[illegible]

[illegible]

[illegible]

[illegible] [illegible] 三[illegible] [illegible] [illegible]

[illegible] [illegible] [illegible] [illegible] [illegible] [illegible]

[illegible]

[illegible]

[illegible]

[illegible]

[illegible]

[illegible]

[illegible] [illegible] [illegible] [illegible]

[illegible] [illegible] [illegible] [illegible]

[illegible]

[illegible] [illegible] [illegible] [illegible] [illegible]

[illegible]

冷疝症。腎囊冷腫如水。此即寒水疝也。按水即濕也。濕即寒也。寒濕畜於膀胱故囊冷。陽氣不能宣化。故腫痛。法宜温散為主。丹溪治以四聖丸。茱萸辛熱。煖肝腎以逐寒。澄茄辛熱除寒濕以治冷。香附辛香調氣血以開鬱。木香辛苦化壅滯以散結。此治冷疝之準繩也。如不愈。加官桂附子茴香。另用五苓散。入葱白一枚煎湯送下。

四聖丸

吴茱萸酒醋浸焙乾为 蓽澄茄五錢 香附一兩 木香五錢

研末酒丸每服二錢用五苓散入葱白一枚通草一撮煎湯下不效丸

方内加附子茴香官桂

五苓散

桂枝 白术 茯苓 猪苓 澤瀉

葱白一枚通草一撮水煎送四聖丸

塊疝

塊疝者。腹内有積如塊也。其症腹塊痛。則疝氣不痛。若疝氣痛。則腹塊不痛。此氣疾也。按氣上逆於腹。則腹痛而疝平。下逆於囊。則疝痛而腹止。法宜調氣為主。丹溪治以三香丸。氣滯則作痛。以木香沉香香附散之。氣滯則血瘀。以桃仁山查薑黃化之。氣滯則热鬱。以黃連山梔瀉之。加三稜莪术南星以攻積塊。萊菔神曲橘核以開鬱結。良方也。二香散亦妙。

三香丸

香附三两 沉香二两 木香二两 桃仁五錢 山查炒二两 薑黃二两 黃連炒五錢 茱萸

山梔炒五錢 三稜煨一两 莪术醋煮一两 南星姜煮一两 萊菔五錢 神曲一兩 橘核炒五錢

研末薑汁為丸每服一錢姜湯下

二香散

香附鹽炒 茴香 蒼术鹽炒 附子鹽童便炙 黃柏酒炒

青皮　益智仁　桃仁　延胡索炒　甘草

研末每服三錢水煎服

暑疝

暑疝症發於夏月。皮膚似覺火灼。囊腫脹痛。小便不利。按暑氣。即溼熱之氣也。人於長夏。真陽外洩。百竅開張。暑氣乘虛。入於脾肺腎肝。滲於小腸膀胱。故膚如火灼。溺濇囊腫。而成暑疝矣。雲林治以加減香苓散。香茹去暑。蒼朮燥溼。陳附理氣。苓瀉利熱。木通導火。車前行水。延胡調滯止痛。練肉舒筋消腫。加滑石甘草以通六府。暑散疝平。不再作矣。有寒者。五苓散加川練茴香。

加減香苓散

香茹一錢　蒼朮炒六分　陳皮五分　香附六分　猪苓六分

澤瀉六分　木通六分　車前五分　川練一錢　滑石一錢

甘草五分　延胡索炒錢　葱白一寸　生薑一片

水煎服。研末三錢水調下亦可

加味五苓散

桂枝　白朮　茯苓　猪苓

川練肉　小茴香　澤瀉　水煎服

疝氣

張景岳云。積土為山。積氣為疝。氣即溼熱之氣。積而不散也。按小腸膀胱。屬寒水之經。膀胱與腎為表裡。腎與肝。又屬乙癸同源。故疝病在肝腎小腸膀胱經也。揔由溼熱乘虛。入其脉絡。積久不散。又感外寒。丹溪所謂熱鬱於中。寒束於外是也。形症雖多。治宜求本。景岳治以歸宗飲。其方用半夏以通陰陽。延胡以調氣血。茯苓以滲鬱溼。川練以導內熱。薑葉以觧外寒。陳皮以宣積滯。臨症再行加減活法也。萬密齋芎歸湯亦妙。

歸宗飲

半夏三錢　茯苓一錢　陳皮一錢　延胡索炒錢五
川練肉一錢　蘇葉一錢　生薑三片　水煎服

如氣喘加杏仁桑皮各一錢五分去延胡川練

如氣虛加人參車前各一錢紫菀蘇梗各一錢五分去延胡川練蘇葉茯苓減半夏一錢五分

如心悶加丹參二錢菖蒲當歸各一錢益智仁五分去茯苓蘇葉減半夏一錢五分

如久病氣虛血熱加人參當歸各二錢茯神一錢五分遠志益智仁各五分去茯苓蘇葉川練減半夏二錢陳皮延胡各五分

如脾滯加山查二錢蒼朮一錢

如久病中氣虛加白朮二錢茯苓一錢五分砂仁一錢減延胡川練陳皮各五分

如肝脹加山查三錢柴胡一錢五分青皮一錢木香五分吳茱萸三分去蘇葉減半夏錢半

如腎寒加茴香花椒肉桂各五分澤瀉一錢半去蘇葉半夏減陳皮五分

如腎虛房勞加當歸二錢人參澤瀉各錢半破故紙肉桂各五分附子三分去延胡半夏蘇葉茯苓

如久疝不愈無論虛實清晨漱口湯嚥下即愈齒乃骨之餘人睡一夜口目皆閉其氣聚於口齒其上下之垢可以補腎補之以其屬也屢驗

又方酒一碗將雞蛋二枚另煮去殼破開放酒內用鉄秤錘燒紅放酒內滚定服一二次即愈

密齋芎歸湯　統治諸疝神効

川芎　當歸　青皮　木香　木通　山查炒
山梔炒　川練　猪苓　澤瀉　小茴

各等分水煎服研末為丸每服三錢亦可

疝氣

疝病固由濕熱。而總屬肝部者何也。丹溪云。大勞則火起於筋。醉飽則火起於胃。房勞則火起於腎。憂怒則火起於肝。肝為將軍之官。在地為木。木能生火。其性最急。肝虛而濕氣乘之。積久化熱。又為外寒所束。鬱結不伸。宜其腫痛之難忍也。仲景治以烏頭梔子湯。熱因濕化用梔子以清之。濕因寒困用烏頭以破之。二藥直走下焦。而烏頭為梔子所引。其性更速。其效如響。神方也。

烏頭梔子湯

烏頭一錢蜜拌炒黑　梔子一錢炒

水煎服研末薑汁調下一錢更妙萬密齋用梔子附子桂枝等分研末薑汁為丸桐子大每服四五十丸順流水煎下治疝痛效東醫寶鑑用蒺藜湯

蒺藜湯

白蒺藜炒　梔子炒　附子製

各等分為末每服三錢長流水煎服

陰臊陰痒陰汗

陰有臊痒汗三症。皆屬濕熱。按陰者。統指男子陰囊。女子陰戶言也。臊者臭也。痒者熱也。汗者濕也。考囊戶俱屬肝經。以肝脉起於足。絡於陰。抵於腹。主疎洩者也。濕熱由脾而注於肝。由肝而積於小腸膀胱。滲於腎囊陰戶。鬱結不舒。故臊臭而汗痒也。東垣治以龍胆瀉肝湯。胆草柴胡清熱。澤瀉通車利濕。加當歸生地甘草者。以肝主血。用以養血而緩中也。濕熱解則三患除。柴胡勝濕湯亦主之。

東垣龍胆瀉肝湯

柴胡　龍胆草　澤瀉　木通　車前

當歸　甘草　生地

水煎服局方有黃芩山梔

柴胡勝濕湯

柴胡　甘草　黄柏酒炒　當歸　胆草

羗活　茯苓　紅花　升麻　澤瀉

防已　五味子　麻黄根　水煎服

甘石散 治陰汗及莖囊潰爛

爐甘石煅一两　蛤粉五錢　五倍子炒五錢　黄連五錢

研末先以蜂房大腹皮煎湯洗拭乾以末滲之

鹽醋湯 治陰囊腎莖肛門瘙痒抓破出血愈後又痒者

青鹽一撮　釅醋一碗

共煎洗患處豬肉湯加花椒煎洗亦可

痂疝 附男子木腎

痂疝者。女子陰户凸出。如茄下垂。或塞陰門。不能生立。亦癩疝類也。皆由思慮鬱抑。憂怒傷肝。氣血之升降失常。血脉之熱邪固結。以致内肉突出。而如茄。切不可認為寒濕妄投温藥。宜苦以堅之。甘以緩之。升而舉之。東垣治以補肝湯。參芪固氣。當歸養血。蒼术開鬱。連翹散結。陳皮理滯。二苓利竅。升柴升清。澤瀉降濁。甘草緩中。加羗活防葛。疎肝氣以行經。黄柏知母。瀉相火以潤燥。良法也。橘核丸亦主之。

補肝湯

人參　黄芪　當歸　蒼术　連翹　陳皮

茯苓　猪苓　澤瀉　柴胡　升麻　甘草

羗活　防風　葛根　黄柏　知母　神曲

水煎服外以五倍子炒末加礬少許水調敷痂上乾以水潤之日三次漸消

橘核丸 並治木腎

橘核　南星　半夏　蒼朮　黄柏　吴茰

山查　白芷　神曲　滑石　昆布　當歸

研末酒丸空心盐湯下三錢並治木腎癩疝

婦人陰腫痃痃

婦人陰腫不一。有胞絡虛。而風邪客入。令氣逆痞塞。腠理壅閉。不能洩越者。陳良甫治以加味四物湯。芎歸芍地養血。加藁本防風走小腸膀胱以祛風。此一法也。有房事多而損傷陰户。令慾邪積聚。挺孔蓄熱。漸至潰爛者。徐春甫治以龍胆瀉肝湯。當歸生地和血。芩梔胆草瀉火。澤瀉通車利熱。此又一法也。若小便滞澁。腹痛内急。少腹痞悶。或憎寒壮熱。或两拗腫痛。或玉門焮腫。此怒鬱傷肝。湿熱下注。名為痃痃。逍遥散。及龍胆瀉肝湯主之。導赤散。如黄連。煎送六味丸更妙。

加味四物湯

川芎　當歸　白芍炒　生地　藁本　防風

水煎服如陰腫痛極便秘欲死四物加柴胡丹皮山梔胆草去藁本防風

龍胆瀉肝湯

龍胆草酒炒　生地　當歸　木通　黄芩炒

山梔炒　車前　澤瀉　甘草

水煎服如陰户两傍腫痛手足不能伸者四物湯調乳香納陰户立効

逍遥散並治腫痛不閉

當歸　白芍　柴胡　茯苓　白朮炒　甘草

薄荷　山梔炒　丹皮　生薑　水煎服

導赤散

生地　木通　竹葉　黄連　甘草梢

水煎送六味丸

六味丸

生地　丹皮　茯苓　山藥　澤瀉　山萸肉

研末蜜丸每三錢

婦人陰痒

婦人陰痒。有思慾不遂。氣血鬱於陰戶。積成濕熱。生蟲作痒者。春甫治以瀉肝湯。芩梔胆草瀉火。澤瀉通草利熱。當歸生地養陰。此一法也。有房事過傷。邪大壅於篡竅。以致熱極出水作痒者。立齋治以梔柴飲。柴胡白芍清肝。山梔木通瀉火。生地當歸和血。茯苓丹皮去熱。薄荷甘草散鬱。此又一法也。大抵厥陰屬風木。木朽生蟲。肝血津枯。不能榮運。則壅鬱生濕。濕生蟲。蟲蝕則痒。治法不外滲濕清熱殺蟲。滋肝補脾為要。

瀉肝湯

黃芩炒　山梔炒　胆草酒炒　澤瀉　木通

車前　生地　當歸　甘草　水煎服

梔柴飲

山梔炒　柴胡　白芍炒　生地　當歸

木通　丹皮　茯苓　薄荷　甘草

水煎服外用雄黃末燒薰並用蛇床子煎洗或用梓樹皮焙末入礬同射香少許敷之或用桃仁研膏和雄黃末搗雞肝為餅納陰戶制蟲日三次

婦人陰冷

婦人陰冷。有勞傷子臟。外邪風冷。乘虛客於胞絡者。有藏府虛寒。肝經失養。陰戶為之寒冷者。良甫治以八味丸。熟地甘溫。滋水生木。山藥甘淡。益土生金。山萸酸溫。濇精固氣。丹皮辛苦。活血和陰。茯苓甘淡。助陽利竅。澤瀉甘鹹。去邪降濁。加附子之辛熱者。以祛內外之虛寒。肉桂之辛甘者。以除表裡之風冷。良法也。

八味丸

熟地　山藥　山萸　茯苓　澤瀉　丹皮

附子　肉桂　研末蜜丸每服三錢空心開水下

婦人小户嫁痛

婦人陰中作痛。有名小户嫁痛者何也。按小户即陰中之玉門也。嫁痛者。其痛如室女初婚。破身之痛也。此肝經移熱於胞中。日久熱鬱。血脉不通。滞於玉門。故作痛也。經綸治以芍艸桂薑湯。白芍酸苦。瀉肝火而和血絡。草稍甘潤緩急痛而入陰胞。加桂心之辛苦者。活血温經。甘薑之辛辣者。散滞觧鬱。以熱治熱。從治之法也。蕭慎齋。以一味牛膝。或一味大黄。酒煮服之。盖二藥皆入肝化瘀瀉熱。用酒煎者。借以行藥勢也。烏賊魚骨亦主之。

芍草桂薑湯

白芍炒三錢　甘草稍一錢　桂心五分　生薑二片　酒煎服

一味牛膝湯

牛膝三錢　酒煎服

一味大黄湯

大黄二錢　酒煎服

烏賊魚骨散 内經方

烏賊魚骨一兩　燒末酒煎五錢服　外用青鹽炒熱布包熨之

婦人陰挺

婦人陰挺下脱者何也。按挺。即挺出也。下脱者。自内而下垂於外也。此因胞絡損傷。或因子臟虚寒。或因分娩用力。氣不固而裡肉下脱也。東垣治以補中益氣湯。肺為氣本。人参甘草補之。脾為肺母。黄芪白术固之。益陽必兼和陰。用當歸以養之。下脱必行升舉。用升柴以升之。培補必防滞悶。用陳皮以利之。若因肝火混熱。小便赤澁。挺脱者。又當以清肝為治也。龍胆湯主之。臨症其分辨乎。

補中益氣湯

人参　黄芪炙　白朮炒　甘草　當歸

柴胡　升麻　陳皮　水煎服

龍胆湯

胆草酒炒　生地　當歸　黄芩炒　山梔炒

木通　車前　澤瀉　甘草　水煎服

陰菌

婦人有陰中突出如菌。四圍紅腫。似痒似痛。小便重墜者何也。按陰器。乃足厥陰肝経之部。而衝任督三脉所系。胞門子户屬焉。其所突如菌者。由湿熱脾虚下陷。或多服熱藥。或犯非理房事之故也。立齋治以加味益氣湯。参芪朮草補氣益陽。升皮柴歸升清養血。加青梔車茯。瀉火凉肝。更以加味歸脾湯調理散鬱。外用生猪油。和藜蘆末塗之。即收。良法也。

加味益氣湯

人参　黄芪炒　白朮炒　甘草　當歸　車前

陳皮　升麻　柴胡　山梔炒　茯苓　青皮

水煎服

加味歸脾湯

人参　黄芪炒　白朮炒　甘草　茯神　山梔炒　柴胡

棗仁炒　當歸　遠志炒　木香　丹皮　龍眼肉

水煎服研末丸服亦妙

陰吹

婦人陰吹者。陰户中出氣。如放屁也。金匱云。此穀氣之實也。程雲来謂胃中穀氣實。則腸虚。虚則氣不得上下。而腎又不能為胃關。其氣故但走胞門。而出於陰户也。仲景治以膏髮煎。猪膏潤燥化結。頭髮活血去瘀。導小便以調其氣。

陰吹自愈。神方也。蕭慎齋云。胃實腸虛。氣走胞門。亦是隨仲景之文而詮之耳。夫人穀氣胃中何嘗一日不寔。而見陰吹之症者。未之嘗聞。千百年書。闕疑可也。

猪膏髮煎

猪膏四兩　髮一兩　同煎服

陰蝕

大全云。凡婦人少陰脉数滑。陰中必生瘡。名曰𧏾瘡。痛痒淋膿。有陰蝕殆盡者。由胃弱脾虛。氣血凝滯。又云諸瘡痛痒。皆屬心火。惟薛立齋云。陰蝕乃七情鬱火。傷損肝脾。湿熱下注生虫。侵蝕陰门。潰爛以致内則口乾晡熱。體倦腹脹。腫脫痛墜。而不能安枕矣。腫痛者。加味四物。湿痒者。加味歸脾。濇淋者。加味龍胆。潰腐者。加味逍遥。脱墜者。加味補中。佐以外治之法。庶可獲痊。

加味四物湯

川芎　當歸　白芍炒　生地　柴胡
山梔炒　丹皮　胆草酒炒　水煎服

加味歸脾湯

人參　黄芪炒　白术炒　甘草　茯神　棗仁　丹皮
當歸　遠志炒　木香　元肉　山梔　柴胡　水煎服

加味龍胆湯

白术炒　丹皮　胆草酒炒　山梔炒　黄芩炒　生地
木通　車前　澤瀉　甘草　當歸　水煎服

加味逍遥散

當歸　白芍炒　柴胡　茯苓　白术炒　甘草
薄荷　山梔炒　丹皮　生薑　水煎服

加味補中湯

人參　黃芪炒　白术炒　廣皮　升麻
柴胡　當歸　甘草　山梔炒　丹皮

水煎服　外治用五加皮煎洗有虫加臭蕪荑練根皮

陰瘡

千金方云。婦人陰户生瘡。有肝腎氣虛。濕熱下流。注於陰器。而生疳瘡者。有月水未淨。即便行房。敗精濁血。伏流陰道而生妒瘡者。千金皆治以瀉肝湯。胆草清肝。黃柏滋腎。木通車前瀉小腸之火。黃芩澤瀉利膀胱之熱。梔子可清心肺。生地更散血瘀。當歸潤燥。茯苓滲濕。甘草解毒。令濕熱散而精濁消。瘡患漸平矣。外用荆礬飲洗之。

千金瀉肝湯

胆草酒炒　黃柏酒炒　木通　車前　甘草　黃芩炒
當歸酒洗　山梔炒　澤瀉　生地　茯苓

水煎服一方有沙苑蒺藜

荆礬飲洗方

荆芥　枯礬　扁蓄　藁本　蛇床子
黃丹　地骨皮　研末擦之本方加葱椒煎水洗亦妙

男子陰縱

男子陰縱者。前陰玉莖。挺腫皮塌。兩脇氣上逆。按玉莖長腫者肝熱也。兩脇上逆者。肝氣也。經曰。足厥陰肝筋。傷於熱。則挺縱不収。又云。肝脉入毛際。過陰器。抵少腹。而督脉起於小腹。以下骨中央。循莖下至篡。此脉有熱。故挺縱也。丹溪治以加味小柴胡湯。柴胡升陽。黃芩養陰。半夏散鬱。黃連瀉火。黃柏降逆。甘草和中。人參固氣。大劑煎飲。挺腫自平。若莖中尚有堅塊未消者。此内有濕也。青皮散主之。佐以外治之法屢效。

加味小柴胡湯

人参一錢甘草一錢柴胡二錢黄芩二錢
黄連一錢黄柏五分製半夏錢五　水煎服

青皮散

青皮二錢防風一錢羌活一錢甘草梢一錢
研末開水調一錢空心下　外以絲瓜汁調五倍子末敷莖即愈

陰縮

男子陰莖收縮者。寒邪入腹也。經云。足厥陰肝筋。傷於寒。則陰縮。経又云。肝悲哀動中。則傷魂。魂傷則狂妄不精。不精則不正。當陰縮攣筋。兩脇骨不舉。毛悴色夭。死於秋。又云。厥陰終者。喜溺。舌卷。卵上縮。準繩治以八味湯。熟地滋腎。山萸温肝。附子逐寒。肉桂補火。丹皮和血。山藥固氣。茯苓助陽。澤瀉利濁。寒散則陰物自伸。亦危候也。如外腎受驚縮上者。香腦膏貼臍上即愈。

八味湯

附子一錢肉桂一錢熟地一兩山萸五錢
山藥三錢茯苓三錢丹皮錢五澤瀉錢五
水煎服

香腦膏

麝香二錢　朝腦三錢　萵苣葉一把
将射腦研末同萵苣葉搗膏貼臍上

陰痿

男子陰莖不舉而痿弱者。此肝腎兩虚也。肝主筋。腎主骨。酒色過度。肝腎兩傷。精衰血燥。即内經所謂厥陰之經。其病傷於内。則不起是也。仲景治以八味丸。熟地滋腎。山萸養肝。山藥益精。丹皮生血。茯苓利竅助陽。澤瀉去邪降濁。肉桂補火導脉。附子煖骨温經。此治内傷陰痿之法也。如腎脉大。右尺脉尤甚者。是相火過盛而反痿也。宜滋腎丸主之。鳳髓丹亦可。臨症大宜分辨。

八味丸

熟地　山萸　山藥　茯苓

丹皮　澤瀉　肉桂　附子

研末蜜丸空心開水服三錢

滋腎丸

黃柏　知母　官桂　研末蜜丸空心開水下三錢

鳳髓丹

黃柏酒炒三兩　砂仁一兩五錢　甘草炙七錢

研末蜜丸空心開水下三錢

脉候

肝脉大急沉皆為疝　三陽急為瘕

心脉滑搏急為心疝　三陰急為疝

肺脉沉搏為肺疝　寸口弦緊為寒

腎脉滑急大沉為腎疝　寸口遲緩為寒為氣

脾脉緊為脾疝　沉緊谿大為虛